NOTES

SUR

L'ALGÉRIE

PAR BÉZY

CONSEILLER GÉNÉRAL DU DÉPARTEMENT D'ORAN

Prix : **50** centimes

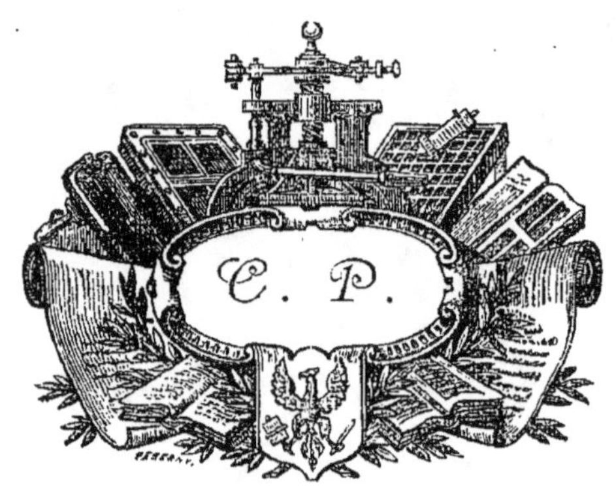

ORAN

IMPRIMERIE TYPOGRAPHIQUE ET LITHOGRAPHIQUE CH. POTHIER

20, rue d'Orléans, 20

—

1879

NOTES

SUR

L'ALGÉRIE

PAR BÉZY

CONSEILLER GÉNÉRAL DU DÉPARTEMENT D'ORAN

ORAN

IMPRIMERIE TYPOGRAPHIQUE ET LITHOGRAPHIQUE CH. POTHIER
20, rue d'Orléans, 20

1879

NOTES

SUR L'ALGÉRIE

Au risque de m'exposer à beaucoup de colères, je déclare en toute sincérité que la France n'a pas toujours été une mère modèle pour nous. Je n'irai pas jusqu'à dire que nous sommes le cadet de ses soucis, mais nous sentons tous que nous sommes loin d'occuper le premier rang dans ses préoccupations.

Je me souviens toujours, avec une sensation de froid au cœur, de la cruelle désinvolture avec laquelle j'entendis traiter la question algérienne, au lendemain de nos désastres. Je me garderai bien de répéter les singulières appréciations produites et dictées par le fol ahurissement dans lequel nous avaient jetés nos malheurs. Mais personne ne m'accusera d'exagération lorsque je dirai que la grande majorité de la France eût considéré comme une excellente affaire la cession de l'Algérie à la Prusse, au lieu et place de l'Alsace-Lorraine ou même des cinq milliards. Je connais plus d'un bourgeois qui se serait certainement dit à lui-même et aux autres : « Après tout, l'Algérie ne vaut pas cinq milliards. » Et là-dessus il eût répété toutes les rapsodies dictées par la rancune et colportées par l'ignorance et la bêtise.

Je dis la rancune, car il y a des commerçants intelligents, des publicistes célèbres, qui font peser la leur sur notre pauvre pays. Ces citoyens, pour la plupart alléchés, dès le début, par d'adroits filous qui leur promettaient des bénéfices énormes, se laissèrent entraîner dans des spéculations où ils perdirent quelques sols, et depuis, sans réfléchir que celui qui place son argent dans des affaires de ce genre est un peu usurier ou énormément joueur, ils poussent des cris d'orfraie parce qu'ils ont perdu la partie. Que peut, en effet, valoir un pays dans lequel disparaît un capital que l'on croyait placer à cinquante pour cent?

Pour ces motifs et pour d'autres, l'Algérie, mal connue en France, est forcée de constater, une fois de plus, cette vérité : que la mère-patrie n'a pas toujours su apprécier sa valeur réelle.

Que l'on ne vienne pas me dire que tout cela sent le séparatisme. Nous pouvons compter les morts que nos bataillons de volontaires ont laissés là-bas, et si, de nouveau envahi, le territoire français avait besoin de défenseurs, nous ferions ce que nous avons déja fait. Nous aimons la France, autant parce qu'elle est notre patrie, que parce qu'elle marche à la tête des nations qui veulent la liberté et le progrès. C'est dire que nous ne voulons à aucun prix de la séparation.

Ceci bien établi, je parlerai en toute liberté.

Si jamais un congrès européen propose aux nations, comme

sujet de concours, la rédaction d'un ouvrage intitulé : « *De l'Art de perdre ses Colonies,* » je retiens pour mon pays une médaille de première classe. L'histoire du passé lui crée des droits que les caractères les plus mal faits ne sauraient lui contester.

Ne serait-il pas temps enfin de songer à l'*Art de les conserver?*

Un jour, la France fit la conquête de l'Algérie ; sans plan général, sans esprit d'ensemble, on travailla de pièces et de morceaux. L'idée de coloniser fut regardée comme peu sérieuse ; l'Algérie était un pays où l'on faisait la chasse à l'homme et au lion ; on y avait pour maîtresses la gloire et des musulmanes, les deux dans des prix doux ; on en revenait le teint bronzé, la boutonnière ornée de plusieurs rubans, et il était fort rare qu'on s'y fût ruiné, au contraire ; l'on passait, à son retour en France, pour un homme supérieur aux autres. Il existait autour du voyageur retour d'Afrique cette espèce de prestige dont jouissent, aux yeux de leurs coreligionnaires sédentaires, les musulmans retour de la Mecque. C'était une espèce de mode : Louis-Philippe fit quitter à ses enfants l'abri légendaire du parapluie paternel pour leur faire explorer notre pays, dans lequel ils laissèrent, il faut le reconnaître, d'excellents souvenirs. Au retour d'une de ces excursions, un prince royal répondait, à Paris, à ceux qui le questionnaient sur les merveilles de l'Afrique : « Les deux choses les plus remarquables, selon moi, sont le col de Mouzaïa et celui de l'intendant général, M. de Guiroye. » Les remarques faites, par la suite, par beaucoup de délégués officiels, n'étaient pas plus sérieuses que celle-ci.

Tranchons le mot : l'Algérie ne fut longtemps, pour la France, qu'un joujou..... militaire.

On finit par trouver que ce joujou coûtait cher ; les frais de casse étaient considérables.

On avait attiré, par ci, par là, quelques colons ; on s'était créé des devoirs ; on était engrené, il fallait marcher.

Ah ! si l'on avait su !!! Mais il était trop tard, il n'était plus temps de reculer ; on ne pouvait plus faire de l'Algérie un domaine réservé aux appétits de quelques soldats.

On comptait dans l'armée elle-même de nombreux partisans de la colonisation.

On marcha ; mais on marcha de mauvaise grâce, avec le secret désir d'échouer dans des expériences entreprises avec maladresse toujours, avec mauvaise foi souvent.

Ici je m'arrête et je cite une histoire :

Un père riche et puissant avait un fils ; ce fils vivait, depuis le jour de sa naissance, dans un pays éloigné. Le père, homme généreux, envoyait des sommes folles pour l'entretien et l'éducation de cet enfant, dont il n'avait guère le temps de s'occuper. Un jour, pourtant, il prit une grande résolution : il voulut savoir où en était ce rejeton coûteux, et il constata avec stupeur que le jeune homme était à peine élevé, que son éducation était plus qu'incomplète, que son vestiaire n'était que sur son livre de compte, que son tempérament était mauvais, que son développement ne s'était pas fait et que la mort avait marqué de son sceau une victime dont elle ne tarderait pas à s'emparer.

— Comment ! s'écria-t-il, c'est là mon fils ! Mais qu'avez-vous donc fait des sommes énormes que j'ai dépensées pour son entretien et son éducation ?

— Mon père, dit le fils, mon gouverneur a tout dissipé avec des filles ; il ne m'a pas laissé manger à ma faim ; il ne m'a pas vêtu. Je n'ai pu vivre que grâce à mon excellent tempérament, qui reprendra le dessus si tu veux me faire changer de vie, et alors je pourrai te rendre des services et reconnaître ce que tu crois avoir fait pour moi.

C'est, à peu de chose près, l'histoire de l'Algérie. La France a fait beaucoup de sacrifices pour elle et les résultats obtenus sont faibles. L'argent est resté collé aux doigts des intermédiaires.

Le malade a bon tempérament ; mais il faut le changer de régime, et ce, le plus tôt possible.

La France ne saura jamais l'abus que l'on a fait de son or et de son pouvoir. Aussi, ne considérant, d'un côté, que le total des sacrifices faits par elle, de l'autre, la faiblesse des résultats obtenus, elle est en droit de trouver que nous lui coûtons cher ; et l'Administration algérienne dévore les deux tiers du budget ! ! ! Pour dépenser mille francs, il faut deux mille francs d'employés : total, trois mille ! ! ! !

Cependant, mère aveugle et sourde, la métropole s'obstine à ne pas écouter les revendications de la colonie ; elle nous laisse courbés sous l'autorité omnipotente d'un gouverneur, qui est un véritable vice-roi, et elle s'étonne de ne pas voir avancer le char qui est enrayé par une nuée de fonctionnaires ennemis de la liberté et du progrès, qui absorbe les deux tiers du budget, nous ne saurions trop le répéter.

J'ai souvent parlé du procès Doineau ; je veux en reparler encore, parce qu'il est fertile en enseignements. J'avoue, dans toute cette affaire, que je ne suis pas frappé par les assassinats et les vols dont se sont rendus coupables des administrateurs français. Si la broussaille pouvait parler, elle en conterait bien d'autres, disait Boukra, au cours des débats ; et, il y a quelques mois à peine, les témoins entendus dans le procès Dastugue dévoilaient, en effet, bien d'autres plaies. Ce qui me surprend, c'est que les résultats de l'affaire Doineau n'aient pas ouvert les yeux au pays sur la *camarilla* qui nous étreint, comme une pieuvre étreint un homme qui se noie.

Convaincu de vol, convaincu d'assassinat, Doineau n'est pas exécuté ; il est entouré d'égards ; il est avantageusement placé à l'étranger par les soins du gouvernement français, dit-on. Il est choyé à Monaco ; le directeur n'avait, du reste, qu'à gagner dans la société d'un pareil homme, s'il apporta, dans l'art de ratisser les joueurs, l'habileté qu'il avait montrée dans celui de tondre les Arabes. Enfin, Doineau rend un service à un vieux camarade, à un ancien collègue, à Bazaine. Il vient jouer son rôle dans cette comédie de l'évasion, sur laquelle l'évadé lui-même vient d'écrire la vérité en Espagne. Toujours amie des lumières, l'autorité défendra la frontière à cette brochure, qui est, dit-on, pleine d'intérêt. Il n'y a pas moyen de lire des révélations instructives ! ! !

Le traître évadé, on traduit en police correctionnelle les complices de l'évasion. — On n'a jamais été bien certain que tous les complices aient été atteints. — Mais Doineau, prédestiné, sans doute, à jouer les boucs émissaires, est traîné à la barre ; et là, en plein tribunal, son avocat démontre que ce condamné à mort, qui jouit d'une si belle santé vingt-deux ans après le verdict du jury, n'a jamais perdu la considération de certains grands personnages. Bazaine n'était pas le seul à l'estimer et à le comprendre, les lettres lues à l'audience en font foi.

Que conclure de tout ceci, au sujet de l'esprit qui anime certaine administration ?

La France a pourtant fait un effort ; elle a changé le titre de notre gouvernement.

« Ah ! se sont dit un jour de profonds politiques, épris d'un
» amour passionné pour l'Algérie, les colons se plaignent de
» ce que leur gouvernement a pour titre : gouvernement mili-
» taire, nous allons les satisfaire. Il n'y aura absolument rien
» de changé dans le système, qui est une véritable bouteille à
» l'encre ; seulement, au lieu de l'étiquette : système militaire,
» on écrira dessus : système civil ; et, pour que le changement
» soit plus radical, pour que la marche en dehors du système
» militaire soit plus accentuée, nous allons charger de l'ad-
» ministration civile...... un soldat. Si, après cela, les Al-
» gériens ne sont pas contents, c'est qu'il n'y a pas moyen de
» les satisfaire. »

Nous ne sommes pas satisfaits le moins du monde.

Pourtant, il y a un progrès réel à constater. Si, grâce à la
perpétuation d'un système dans lequel le contrôle joue un
rôle muet, on peut continuer à voler, à Tlemcen par exemple, les employés qui se paient cette petite fantaisie ne se
croient plus le droit d'arrêter la diligence sur le grand chemin et de tuer quelques commis-voyageurs. Non, les mœurs
se sont singulièrement radoucies ; on se contente de puiser
dans la caisse de la commune mixte, sans la moindre effusion
de sang.

A ce propos, on a beaucoup crié contre M. Chanzy, qui a
fait les plus consciencieux efforts pour détourner, de têtes qui
lui sont bien chères, les foudres de la justice. Il faut pourtant
être juste ! qu'a pu répondre ce militaire vieilli dans les bureaux arabes, si l'employé coupable lui a présenté sa défense
en ces termes :

« On a détourné quelques milliers de francs de la caisse de
» la commune mixte ; point ne le nierai, puisque l'on nous a
» pris la main dans le sac. Mais enfin, entre nous, suis-je
» bien coupable ? Le Gouvernement français a été trop gentil
» envers Doineau, qui en avait fait bien d'autres, pour vou-

» loir me faire de la peine. On condamne un pauvre diable
» qui vole un pain ; mais nous ? fi donc, ce serait d'un effet
» déplorable. »

En comparant les employés de Tlemcen à Doineau, il est
incontestable que ces messieurs étaient de petits anges ; à la
rigueur même, ils avaient droit à une mention honorable et à
une indemnité.

Du reste, l'on peut juger des principes des hommes qui
nous gouvernent par ce mot cynique tombé des lèvres du directeur des affaires civiles. Un de nos représentants lui par-
lait de la nécessité de poursuivre le principal coupable du
détournement de Tlemcen : « Peuh ! répondit le fonctionnaire,
» il est déjà bien assez malheureux d'avoir été forcé de rem-
» bourser ! »

Avec de pareilles idées, on peut aller loin. Tout fonctionnaire pourra se croire le droit de voler, et, si ses chefs le
surprennent, il dira pour sa défense : « Pardon, je croyais
» qu'il était permis de voler, à la condition de rembourser
» quand on était pris ; je suis pris, je rembourse ; je n'ai fait
» que changer les écus de caisse. » On voit d'ici les superbes
horizons que l'application consciencieuse de ces principes
ouvrirait à certains spéculateurs français que la chute de
l'Empire a réduits à l'inaction ou que la justice a enfermés à
Poissy.

Il est bon d'ajouter que le directeur des affaires civiles
dont le gouvernement de la République française a doté l'Algérie, est un ancien préfet de l'Empire, resté fidèle au culte
Montijoyeux.

Ceci ne doit surprendre personne, car l'Algérie n'a nullement profité de la demi-délivrance dont jouit la France depuis les élections du 14 octobre ; rien n'est changé ici, pas même le préfet, qui s'écriait, en plein cercle, à Philippeville, *qu'il préférait voir en France les Prussiens que la Révolution.*

Mais revenons à nos moutons.

Administrée comme elle l'a été, comme elle l'est encore, l'Algérie ne pouvait pas prospérer. Il a fallu la force de vitalité dont jouit ce beau pays, pour qu'il ait pu résister à l'asphyxie et à l'empoisonnement combinés qu'il subit depuis la conquête.

Si jamais un statisticien aligne les sommes sorties de France à destination d'Algérie d'un côté, et s'il additionne, d'un autre, la valeur des travaux publics exécutés et les améliorations réalisées, il trouvera un nombre qui s'appelle, en arithmétique, excès ou différence, qui lui prouvera que toutes les expéditions ne sont pas arrivées à leur adresse. Tout se mange en frais administraifs. On n'a même pas créé ce qui n'aurait rien coûté. Que de chemins, par exemple, on aurait pu construire rien qu'avec les prestations arabes, si l'on eut voulu les employer. Chaque tribu aurait dû être forcée, chaque année, de construire et d'entretenir un certain nombre de kilomètres de chemins vicinaux ! Quel magnifique réseau nous possèderions aujourd'hui ! Mais, hélas !

J'étais un jour dans une forêt, je vis arriver une nuée d'Arabes sous la conduite d'un caïd. Les indigènes se dispersèrent sous les arbres et se mirent à ramasser du bois. Je savais qu'ils habitaient, à quelques kilomètres de là, un pays très-boisé, et je ne comprenais pas les raisons qui pouvaient les pousser à venir chercher au loin ce qu'ils avaient à leur porte. Je fus aux renseignements, et je sus que le bois qu'ils ramassaient était pour le général, dont les prolonges ne pouvaient aller plus loin.

Les hommes de corvée se plaignaient bien un peu, mais le caïd les consolait en leur disant : « Que vous importe ! ce sont » vos journées de prestations que vous faites ici. »

Je veux bien, dans ce cas particulier, que le général ignora le singulier procédé du caïd ; mais, en réalité, le travail des prestataires est presque toujours détourné de son véritable but d'une façon aussi fantaisiste.

Ce fait et beaucoup d'autres semblables peuvent expliquer l'état des chemins vicinaux en pays arabe. Il est vrai que le jour où il existera de bons chemins, les colons et les commerçants viendront créer des relations avec les indigènes, et c'est ce que certains hauts et puissants seigneurs ne veulent à aucun prix.

Ce qu'il y a de plus cocasse dans tout ceci, c'est que les ennemis de la colonisation se posent en protecteurs de ces pauvres Arabes, que les Européens, selon eux, voudraient dépouiller ! Farceurs ou plutôt fumistes, pour parler l'argot administratif ! ! !

Et le reboisement, si vous l'aviez voulu, vous n'aviez qu'à donner les charges de caïd à ceux qui auraient propagé vos idées de plantation ou de semis. Mais il fallait vouloir, et vous ne vouliez pas !

On peut dire, aujourd'hui, à nos gouvernants :

« Vous n'avez rien fait pour la colonisation ; le peu qui » existe a été arraché pièce à pièce, morceau à morceau, à

» votre mauvaise volonté ; vous n'avez un peu marché que
» lorsque vous n'avez pas pu faire autrement, et lorsque
» vous avez eu peur de l'explosion des sentiments de l'indi-
» gnation publique. Ce que vous avez créé l'a été dans de si
» mauvaises conditions, que nous sommes en droit de croire
» que vous vous êtes étudiés à mal faire. »

Si la France veut conserver l'Algérie, il faut qu'elle étudie
ses besoins, et qu'elle change l'abominable système qui amè-
nera fatalement ou la ruine ou la séparation.

On me dira que je manque de patriotisme! Non, ce n'est
point manquer de patriotisme que de prévoir un malheur et
de faire tous ses efforts pour l'empêcher. Dans les derniers
jours de l'Empire, j'écrivis que l'armée française n'avait comme
généraux que des incapables, qui la mèneraient à la honte si
jamais nous avions la guerre. On m'emprisonna pour me
prouver que j'avais tort et que nos généraux avaient beaucoup d'esprit. Hélas! je n'avais pas tort! Mon incarcération
ne développa nullement le génie de nos guerriers, et je n'ai,
aujourd'hui, qu'un regret, c'est de ne pas avoir eu une voix
assez retentissante pour la faire entendre au pays, qui s'en-
dormait dans une inconsciente sécurité.

L'Algérie est envahie par des étrangers, et la façon déplorable dont nous sommes gouvernés a fait naître, depuis de
longues années, un sourd mécontentement, qui n'est que trop
légitime. Nous souffrons, et la souffrance est mauvaise con-
seillère. Il ne faut pas qu'à la veille de recueillir les fruits de
ses immenses sacrifices, la France perde la Colonie. Pour
cela, il faut qu'elle se décide à nous émanciper. C'est par une

chaine de fleurs qu'elle doit nous tenir, et non avec un car-
can de fer.

La métropole a naïvement cru qu'elle faisait quelque chose
pour notre émancipation, le jour où elle nous dotait de Conseils
généraux. Elle ne s'est pas douté qu'elle nous invitait à un
festin dans le genre de celui que le renard offrit, jadis, à la
cigogne. Les institutions libérales sont une bonne chose, mais
il ne faut pas oublier la manière de s'en servir. Consulter les
élus du suffrage universel est très-bien, mais à la condition
de les écouter.

M. Chanzy ne s'est servi des Conseils généraux que pour
se moquer d'eux.

Exemple :

Le gouverneur désire avoir l'opinion du Conseil général
d'Oran, sur l'opportunité d'installer une sous-préfecture à
Bel-Abbès.

Le Conseil général répond : L'installation d'une sous-préfecture à Bel-Abbès me parait être une chose parfaitement
inutile, et j'émets le vœu qu'on ne grève pas le budget d'une
nouvelle charge, dont le besoin ne se fait nullement sentir.

Je vous remercie du conseil, dit Chanzy ; vous êtes les seuls
représentants légaux des intérêts du pays ; je sais le respect
que je dois aux élus du suffrage universel : je vous consulterai
toujours, et maintenant que vous ai consultés et que je me
trouve suffisamment éclairé par vos délibérations, je m'em-
presse d'ériger Bel-Abbès en sous-préfecture.

Et pour les chemins de fer !

Je vais entrer ici dans une question qui concerne au plus
haut point nos intérêts coloniaux ; aussi, quelle que soit l'ari-

dité du sujet, le lecteur me permettra de m'étendre un peu, et de montrer le singulier rôle du général Chanzy dans cette affaire, dont la solution décidera de l'avenir de notre pays.

Il y a de longues années déjà que la question des voies ferrées préoccupe les colons algériens. Dès le début des discussions relatives à leur construction, l'on s'occupa, dans chaque province, de l'étude d'un plan d'ensemble, à la réalisation duquel on essaierait d'arriver peu à peu. Mais les ressources manquaient ; pourtant le département d'Oran avait été assez heureux pour commencer la réalisation de ses projets.

Ce département est naturellement divisé en quatre grandes régions : le bassin de la Mina, dont les produits doivent se réunir et s'écouler dans le port de Mostaganem ; le bassin de la Macta, qui aboutit au port d'Arzew ; le bassin de la Mekerra et la région du grand lac, desservis l'un et l'autre par le port d'Oran. Au sud de ces quatre régions, se trouvent d'immenses plateaux, riches en alfa. Le Conseil élu de la province, que M. Chanzy traite, dans ses dépêches officielles, de *seul représentant légal des intérêts du pays* (ce qui ne l'empêche pas de considérer celles de ses délibérations qui lui déplaisent comme lettre morte), le Conseil général, dis-je, décida la création de quatre grandes lignes de chemin de fer, qui desserviraient les quatre grandes subdivisions de la province. Il détermina, avec le plus grand soin, quatre lots dans la région des alfas, chacun des lots correspondant à chacune des lignes à créer, et devant servir à la subventionner.

Presque aussitôt commença la construction de deux de ces lignes.

La première, desservant la vallée de la Mekerra, est en exploitation du Tlélat à Bel-Abbès ; le département a garanti à la Compagnie propriétaire de ce tronçon un minimum de revenu, représentant le six pour cent des sommes dépensées pour sa construction. Il était convenu avec le concessionnaire que la zone d'alfa réservée au sud de sa concession lui serait donnée à titre de subvention, s'il voulait prolonger sa ligne par Ben-Youb et Daya, jusqu'à la région des hauts plateaux; cette prolongation, du reste, était indispensable à l'alimentation de la ligne du Tlélat à Bel-Abbès.

Presque à la même époque, M. Hubert Debrousse entreprenait, à ses risques et périls, la ligne qui devait desservir le bassin de la Macta et joindre Saïda au port d'Arzew. Il obtenait, à titre de subvention, le lot réservé à la région qu'il devait desservir, et qui était soigneusement limité, d'après les vœux du Conseil général, à l'est, par le méridien géographique de Guétifa, et à l'ouest, par la limite administrative de la subdivision de Mascara. Ce lot formait environ 300,000 hectares, mais on pouvait le doubler et le tripler en s'enfonçant dans le Sud, tout en restant entre les limites est et ouest, destinées à sauvegarder l'intégrité des lots voisins.

Le marché qui déterminait le droit des parties fut signé le 20 décembre 1873.

A partir de cette époque, M. Debrousse, fort habile dans l'art de raisonner et de défendre ses propres intérêts, jeta souvent des regards d'envie sur les alfas réservés à Bel-Abbès. Il se disait, ce commerçant habile, que lorsqu'on est seul à vendre une denrée, on peut la vendre beaucoup plus cher que lorsque l'on doit lutter contre des concurrents; il savait que, si la concurrence est l'âme du commerce, le monopole est la source des grosses fortunes, et il cherchait le monopole. Les alfas de l'Est l'inquiétaient peu : le chemin de fer de la vallée de la Mina n'est pas encore construit; mais ceux de l'Ouest troublaient la quiétude de son sommeil; la ligne Bel-Abbès était en bonne voie, et du jour au lendemain les alfas de Daya pouvaient créer une concurrence redoutable à ceux de Saïda.

Que se passa-t-il de 1873 à 1876? Je l'ignore; toujours est-il qu'au mois de juillet de cette dernière année, parut le numéro 663 du *Bulletin officiel du Gouvernent général* de l'Algérie, qui renfermait un singulier marché passé entre M. Debrousse et le Gouverneur. On avait profité, pour le faire approuver à Paris, de la présence éphémère, au ministère de l'intérieur, de M. Ricard, ancien chef du contentieux du dit M. Debrousse.

J'entends bien m'abstenir ici de toute insinuation malveillante contre la mémoire de M. Ricard, et je veux que toute la responsabilité de cette affaire pèse de tout son poids sur M. Chanzy, qui dut profiter de l'ignorance du Ministre pour faire approuver cette convention.

Le décret qui approuve cette convention est du 22 mars 1876. En voici le début :

ANNEXE à la convention du 20 décembre 1873, passée entre le Gouverneur général de l'Algérie et la Compagnie Franco-Algérienne.

Entre le Gouverneur général civil de l'Algérie, agissant tant au nom de l'État qu'en qualité de mandataire des tribus qui peuvent être intéressées à la présente, et sous la réserve de l'approbation de la présente par décret du Président de la République, — *d'une part,*

Et M. Debrousse, administrateur-directeur général de la Compagnie Franco-Algérienne, agissant au nom de la dite Compagnie, sous la réserve de l'approbation de l'assemblée générale des actionnaires, dans un délai de trois mois au plus tard, — *d'autre part,*

Il a été convenu ce qui suit :

Par la convention du 20 décembre 1873, art. 2, le Gouverneur général civil de l'Algérie a concédé à la Compagnie Franco-Algérienne le privilège exclusif de l'exploitation de l'alfa sur une surface de trois cent mille hectares de terrains à alfa, compris dans les parcours des tribus désignées dans la dite convention.

La délimitation de ces terrains devait être faite entre la Compagnie et l'Administration, dans l'espace compris entre les limites suivantes : à l'est, le méridien géographique de Guetifa ; à l'ouest, la limite administrative de la subdivision de Mascara.

Il a paru résulter des reconnaissances effectuées de concert entre l'Administration et la Compagnie, que les trois cent mille hectares d'alfa n'existaient pas dans les limites ci-dessus indiquées.

En conséquence, et *pour éviter les lenteurs d'une expertise régulière,* le Gouverneur général de l'Algérie et M. Debrousse sont tombés d'accord pour étendre vers l'ouest la limite ouest de la concession, afin de parfaire les trois cent mille hectares de terrains à alfa dont la concession a été accordée à la Compagnie Franco-Algérienne, et pour délimiter de la manière suivante ces terrains, *sans garantie de contenance :*

Suivent des articles fixant la nouvelle délimitation *étendue vers l'Ouest* et comprenant quatre cent mille hectares. Ce dernier chiffre n'est pas mentionné, mais il suffit de prendre une carte et de mesurer l'espace compris entre les limites indiquées.

Personne ne me fera accroire que ce soit par un simple effet du hasard que CETTE ANNEXE, plus importante que le marché principal, est arrivée à l'approbation ministérielle juste au moment où un ancien chef du contentieux de M. Debrousse se trouvait maître de la situation. Je sais, du reste, que M. Victor Lefranc avait toujours refusé d'approuver une pareille transaction.

Cette Excellence devait être, comme celles qui l'ont précédée et suivie, d'une ignorance crasse à l'endroit de l'Algérie.

Un beau matin, on lui aura dit, d'un ton d'indifférence :
« A propos ! il y a là un petit décret à signer ; c'est sans im-
» portance, c'est pour arranger une affaire insignifiante avec
» votre ex-patron, M. Debrousse. Vous n'avez qu'à signer...
» là, vous voyez, au-dessous de ces mots : Approuvé, le mi-
» nistre... »

Si M. Ricard a eu l'idée de dire : « Tiens ! qu'est-ce qu'on
» lui donne donc, à Debrousse ? je ne vois pas de contenance
» indiquée. »

On lui aura répondu : « C'est pour éviter un nouveau pro-
» cès, mais ce que nous lâchons ne vaut pas grand chose. »

Et M. Ricard aura signé de confiance.

Est-ce assez joli ! *Il a paru résulter d'une reconnaissance,
pour éviter les lenteurs d'une expertise, etc., etc.*

Quel sérieux on apporte dans nos affaires !

Il fallait répondre à M. Debrousse : Étendez-vous vers le
Sud !

Il fallait consulter les Conseils élus, comme vous l'aviez fait
la première fois !

Il fallait mettre l'intérêt général de toute une province au-
dessus de l'intérêt particulier d'un financier, quelles que
fussent les raisons qui vous poussaient à le ménager !

En résumé, on donnait, par ce marché, à M. Debrousse, un
territoire de QUATRE CENT MILLE HECTARES, pour combler les
prétendus vides qui se trouvaient dans la concession des
TROIS CENT MILLE. C'était le lot réservé à la Compagnie de
Bel-Abbès ; M. Debrousse n'avait plus de concurrence à re-
douter de ce côté-là. Et, vous aurez beau dire, c'est tout ce
qu'il voulait ! !

Mais alors la Compagnie de Bel-Abbès se trouva lésée, et il
fallut faire taire ses trop justes revendications, étouffer ses
plaintes légitimes.

Que fît M. Chanzy ?

Il eut une grande idée : celle d'inventer le grand central
algérien et de le faire passer par le Tlélat et Bel-Abbès ! ! ! !

Les conseils élus et la presse de tous les départements ont
fait justice de cette utopie, dont le résultat serait de boule-
verser le régime commercial de toute une province, d'ap-
pauvrir dix-sept villages et deux grandes villes, d'allonger
le parcours du grand central — puisque grand central il y a —
de quarante kilomètres, de ne servir, en un mot, qu'un intérêt privé, et de coûter une dizaine de millions de plus que le

chemin normal, qui doit rejoindre Tlemcen à Oran par Aïn-Temouchent, en s'embranchant, à la Sénia, sur la ligne Paris-Lyon-Méditerranée.

Tout ceci n'empêchera peut-être pas notre gouverneur de faire triompher ses idées, malgré les populations intéressées, et, dans dix ans d'ici, quelques naïfs députés diront à la tribune :

« L'Algérie est un gouffre, elle ne prospère pas, et, pour-
» tant, nous lui avons fait tous les chemins de fer que deman-
» dait M. Chanzy.... c'est bien extraordinaire ! »

Et si un de nos représentants répond :

« Oui ; mais, au lieu de construire les chemins de fer récla-
» més par le gouverneur, il fallait exécuter ceux que vous
» demandaient les populations, qui connaissaient parfaite-
» ment leurs besoins », on le traitera de révolutionnaire, la France continuera à payer, et nous serons aussi mal servis que par le passé.

Qu'on ne vienne pas me dire que M. le Gouverneur s'est éclairé de l'avis d'une commission anonyme qui s'est intitulée commission technique. M. Chanzy a agi à sa guise et sans s'inquiéter de nos intérêts, et la preuve, c'est qu'il déclarait, dans une *dépêche officielle du 12 avril 1878, qu'il n'avait même pas reçu les procès-verbaux de la commission techni-que*, ce qui ne l'avait pas empêché de signer, le 2 mars précédent, avec M. D'Ayguesvives, un traité assurant à l'Ouest-Algérien la construction de la ligne de Bel-Abbès à Tlemcen, contre l'établissement de laquelle le Conseil général de la province n'a cessé de protester avec la plus vive énergie. Heureusement que les Chambres et le Ministère n'ont pas encore approuvé ce marché, dont on ne connaît peut-être pas tous les mystères.

On avait bien essayé d'une autre guitare pour obtenir l'approbation du Conseil général ; on avait invoqué les grands intérêts de la STRATÉGIE.

Depuis nos honteuses défaites, la compétence des généraux français en stratégie paraît discutable ; aussi le Conseil général se crut-il en droit de demander quelques explications. Je défie l'autorité d'oser publier dans un journal autre que *le Tintamarre* les raisons dites stratégiques qui furent tout d'abord exposées. Je dois, du reste, rendre justice à l'administration, en déclarant qu'aussitôt qu'elle eut constaté l'effet que produisait son exposé de motifs pseudo-militaires, elle retira ses arguments avec une rapidité qui rappelait celle de certaines retraites sur la Loire et ailleurs. L'officier supérieur qui représentait le général nous fit une déclaration qui peut se résumer en deux mots : « S'il existe des chemins de
» fer stratégiques, pour moi le meilleur est le plus court ; la
» ligne directe permettant de transporter plus facilement des
» troupes d'Alger et d'Oran à Tlemcen, je trouve la ligne di-
» recte plus stratégique ; elle répond aux besoins du com-
» merce et de la Colonie : c'est donc elle qu'il faut cons-
» truire. »

D'après ce que je vois dans les journaux, la mystérieuse commission technique, qui, comme le conseil des Dix, ne travaille que dans l'ombre, a eu beau avoir l'approbation de M. Chanzy, — qui est accusé de lui avoir lui-même dicté le classement qu'elle a publié, — elle n'aura pas celle des populations. On proteste contre ses décisions, qui lèsent partout l'intérêt général, et les Chambres françaises ne laisseront pas, espérons-le, dissiper des millions en pure perte.

Comme on le voit, dans cette affaire capitale, rien, jusqu'ici, ne s'est fait que par le caprice du gouverneur, et les décisions des Conseils élus ont produit sur lui l'effet d'un cautère sur une jambe de bois.

Toutes ces causes de souffrance font naître, chez ceux qui en subissent les conséquences, des sentiments d'amertume que les ennemis de la France exploitent habilement, et qui pourraient, à un moment donné, amener les plus terribles résultats. Il faut remédier au mal.

Je ne suis, pour ma part, ni pour l'autonomie absolue ni pour l'assimilation absolue. Je crois que les trois départements algériens forment un groupe distinct ayant des besoins communs et différents de ceux de la métropole, que les Chambres françaises seraient impuissantes à satisfaire ; et je suis convaincu que, nous, Algériens, nous savons beaucoup mieux que les Français ce qu'il nous faut : c'est pour cela que je voudrais un parlement colonial issu du suffrage universel. Alors, on arriverait peut-être à trouver un système, fruit de l'expérience de tous, qui produirait une amélioration dont le besoin se fait singulièrement sentir.

Je sais bien qu'il y a un *modus vivendi* à établir ; cherchons-le tous ensemble.

En septembre 1875, Stuyck (brave et cher ami dont nous gardons tous l'affectueux souvenir) et moi rédigions *l'Atlas ;* voici en quels termes nous donnions notre programme de politique algérienne :

Nous sommes partisans convaincus de la République fédérative, conséquemment décentralisateurs, autant que le permet le maintien intact du lien national. Notre idéal est la liberté absolue, pour chacun des États fédérés, de se mouvoir, selon ses mœurs, ses productions ou son génie, dans le cercle de ses affaires locales : voilà pour les principes. Mais en résulte-t-il que ces principes, excellents pour la France, peuplée par une nation homogène, le soient au même degré pour l'Algérie, où l'élément indigène est en aussi grande majorité, et où l'élément étranger balance par le nombre la population française ? Évidemment non ! De deux chose l'une : ou il faudrait accorder aux indigènes et aux étrangers le droit de vote sur les questions locales, ou bien il faudrait les exclure. En les excluant, on créerait un pays légal d'une trentaine de mille électeurs dans un État de trois millions d'habitants.

En les admettant, ce serait pire encore : le génie français, nos tendances nationales, seraient complétement noyés dans une masse fanatique et inconsciente d'électeurs hostiles à nos progrès et même à notre présence en Algérie.

Nous savons qu'il y a des Algériens affectant de ne pas craindre les résultats du droit de vote conféré aux Arabes. Nous n'hésitons pas à déclarer que, si ces messieurs sont sincères, ils s'abusent étrangement sur le compte des indigènes ; en tout cas, s'ils les connaissaient mieux, ils s'abstiendraient d'en désirer l'essai.

Or, en présence de ces deux alternatives, l'autonomie nous paraît tout à fait impossible, pour le moment du moins. L'assimilation est également inapplicable dans un pays nouveau comme le nôtre. De là, nécessité de transactions inévitables entre l'autonomie et l'assimilation, transactions momentanées, qui iront toujours en diminuant devant le courant en sens inverse de l'immigration européenne et de la disparition fatale de la race indigène. L'autonomie nous apparaît donc comme un but à atteindre et non comme une forme administrative immédiatement réalisable.

En descendant sur le terrain pratique des affaires algériennes, *l'Atlas* s'appliquera à combattre la tendance envahissante des bureaux ; il signalera cette malheureuse manie qui menace de nous déborder, de créer partout des fonctions inutiles, pour caser des fonctionnaires plus inutiles encore, souvent même nuisibles ; il ne manquera pas de signaler la guerre sourde menée contre les corps élus, qu'on cherche à annihiler autant que possible ; il demandera avec instance qu'à l'avenir les Conseils généraux soient consultés sur les emplacements des centres nouveaux, dont quelques-uns ont été placés d'une manière déplorable ; enfin, par tous les moyens légaux, *l'Atlas* travaillera à préparer le pays à faire ses affaires lui-même et à l'affranchir d'une tutelle aussi coûteuse que contraire au libre développement de la colonisation.

Je dois constater à la fin de 1878, comme au commencement de 1875, que la tutelle administrative pèse toujours sur un pays qui demande, en vain, un peu de liberté.

Tutelle ! le mot est doux, je devrais dire tyrannie cynique ; un fait à l'appui :

À l'époque où se faisaient les travaux de recherche des mines de Beni-Saf, grâce à l'audacieuse confiance d'un généreux capitaliste français, M. Causse (auquel je suis heureux de rendre ici un public hommage de reconnaissance), la subdivision de Tlemcen avait, comme chef intérimaire, un singulier administrateur. Ce personnage envoya, un beau jour, aux Arabes qui avaient vendu une partie des terrains miniers, l'ordre de se trouver, à date et à heure fixes, sur un point donné, pour y faire délimiter leurs propriétés par une escouade de spahis. Les indigènes vinrent trouver le gérant des mines, et lui demander conseil ; ils étaient en marché avec lui pour certaines parcelles ; ils n'avaient pas parfaitement délimité certains lots vendus depuis quelques jours ; bref, ils étaient fort embarrassés. « Restez tranquillement chez vous, leur dit le gérant, vous n'avez pas à obéir aux fantaisies saugrenues du genre de celle que l'on veut vous imposer : les bornages ne peuvent se faire que dans des conditions parfaitement déterminées par la loi, et celui auquel vous procèderiez sous la direction de messieurs les spahis, serait parfaitement nul. Vous êtes tous mes voisins, et je m'opposerai à ce que l'on plante des bornes sur nos limites communes. Restez donc, je vous le répète, tranquillement chez vous. Je vous garantis qu'il ne vous arrivera rien. »

Le jour du rendez-vous venu, les spahis ne rencontrèrent personne ; ils durent renoncer à leur petite opération géométrique, et, sous la conduite de leur brigadier, ils rentrèrent peu triomphalement à Tlemcen.

Quand le grand chef eut reçu le rapport du brigadier-géomètre, il entra dans une grande colère, et il se décida à réparer sa première bévue en commettant une colossale bêtise.

Deux jours après, une nouvelle escouade de spahis entrait belliqueusement sur le territoire des mines. Le chef de la troupe s'adressa au gérant, qu'il ne connaissait pas, et lui tendit un papier. Sur ce papier étaient ces lignes :

ORDRE

« M. X..., gérant de la mine de Beni-Saf, se remettra aux

» mains des porteurs du dit ordre, pour être conduit à Tlem-
» cen, où il fera quinze jours de prison pour avoir osé con-
» seiller aux Arabes de ne pas laisser délimiter leurs terrains
» par les spahis envoyés à cet effet. »

Ce factum était signé du nom du grand chef.

— Alors, dit M. X..., après avoir lu, vous avez ordre
d'arrêter le gérant ?

— Parfaitement, répondit le brigadier, et *que même* nous
voulons l'amener tout de suite.

M. X..., qui connaît l'Algérie, n'avait aucun goût pour par-
courir soixante-quinze kilomètres de broussaille en compagnie des spahis du bureau arabe de Tlemcen. Il aurait pu
avoir une discussion politique avec eux, et ces discussions
finissent quelquefois mal. Sa première idée fut de faire ficel-
er les spahis — ce qui lui aurait été facile avec les deux cents
ouvriers qui travaillaient sous ses ordres — et de les en-
voyer avec un rapport motivé à la gendarmerie la plus voi-
sine ; mais il réfléchit que ces pauvres diables n'étaient que
des instruments, et il prit un autre biais.

— Le gérant, dit-il, est sur les chantiers ; je vais seller un
cheval et aller le chercher ; en attendant, laissez reposer vos
montures et prenez votre café.

— Tu es sûr de le rencontrer ? dit le brigadier.

— Parbleu ! si j'en suis sûr.

— Et tu le ramèneras ici ?

— Tu peux y compter !

Son cheval sellé, M. X... fila sur Oran. Deux heures après,
le brigadier comprenait la vérité ; il se rendit compte que le
fugitif avait eu le temps de gagner le territoire civil, et il re-
nonça à le poursuivre.

M. X..., en arrivant à Oran, fut se mettre sous la protection
du procureur de la République ; ce magistrat (ce n'était pas
le procureur actuel), avec un empressement digne d'éloges,
se rendit chez le général, et, une heure après, le gérant pouvait regagner la mine avec la certitude qu'il n'y serait plus
inquiété.

Jamais je n'ai pu savoir à quel mobile insensé avait obéi le guerrier qui avait tenté cette séquestration. Il est passé général, depuis.

L'avanie tomba sur un Algérien cuirassé contre les abus de pouvoir, elle le troubla fort peu ; mais, si la victime eût été un candide et nouveau débarqué, ce procédé n'était-il pas de nature à le dégoûter de notre colonie ? et son départ eût peut-être arrêté les travaux d'étude qui ont donné naissance à la grande exploitation de Beni-Saf.

Le fait que je viens de citer se passait il y a quatre ou cinq ans ; si quelqu'un osait en discuter l'authenticité, je tiens le nom des acteurs à sa disposition.

On admettra bien que, dans ces tons-là, la tutelle administrative ne fasse pas le bonheur des Algériens. Mais notre pauvre France s'en doute-t-elle, seulement ?

Il faut, aujourd'hui, entamer une marche nouvelle ; la métropole, en s'occupant sérieusement de nous, fera une bonne action et, en même temps, une bonne affaire.

Je ne veux pas apprécier les différents systèmes de colonisation employés jusqu'ici.

Ils sont jugés par leurs résultats.

Paix à leurs cendres ! à charge de revanche, par exemple.

Sauf le maréchal Bugeaud, aucun des gouverneurs n'a à la fois voulu et raisonné la colonisation.

A une époque, l'administration semblait comprendre qu'il est fort difficile de faire quelque chose avec rien, et elle se décida à donner aux colons tout ce qui était nécessaire à leur réussite ; seulement, elle fit un choix malheureux de sujets : elle prit, pour défricher son sol, des ouvriers horlogers ou des peintres sur porcelaines. Et les inspecteurs de colonisation n'ont pas encore compris pourquoi ce nouvel essai n'avait pas réussi !!!

Les coupables, au lieu de se dire : « Nous ne sommes pas capables de remplir la mission que la France nous a confiée », inventèrent une excuse que j'ai eu la douleur de voir acceptée par mes contemporains et répétée avec cet entrain que l'on met toujours à propager une bêtise officielle : « Les Français ne sont pas colonisateurs ! »

J'en fais mille excuses aux messieurs du monde officiel ; mais les Français sont, au contraire, très-colonisateurs. Hardis, remuants, intelligents, romanesques, ils ont tout ce qu'il faut pour tenter les aventures ; et la meilleure preuve, c'est que, s'ils n'émigrent pas en Algérie, ils émigrent ailleurs. Mais ils vont là où on leur fait des avantages, et ils ont raison.

Le bonheur, en arrivant en Algérie, de mourir sans secours au milieu de plaines incultes et souvent infectées, en se disant qu'il y a à Alger un monsieur qui habite des palais de marbre et auquel les Arabes font deux cent mille francs de petits cadeaux, lorsqu'il marie ses filles, est une de ces félicités que des gens grossiers ne savent pas apprécier. Ils préféreraient quelque chose de plus personnel, du pain, par exemple.

Renseignés sur ce qui les attend, ils se décident, en général, à mourir chez eux. C'est plus près.

A une époque peu éloignée, nous avons eu l'idée, au Conseil général d'Oran, de faire quelque chose pour les immigrants ; mais nous n'avons fait qu'à demi. Nous leur avons bâti des maisons qu'ils devaient rembourser par annuités. Je serai bien étonné si jamais nos maisons sont payées ; mais nous avons l'immense consolation de savoir que, si nos colons meurent de faim, ils meurent dedans au lieu de mourir dehors. Notre spéculation ne brille pas par l'intelligence, mais bien par la philanthropie. Des maisons ne produisent pas ; des champs défrichés, des vignes plantées, auraient donné un revenu.

Sous le règne du système actuel, non-seulement on ne fait pas d'avantages au colon, mais on l'écrase d'obligations. C'est lui, le malheureux, qui doit, pour ainsi dire, faire des avances à l'État.

La France, en fait de colonisation, se conduit comme un épicier, et c'est la nation la plus riche du monde ! !

Si l'on veut réussir, il faut imiter nos voisins ; il ne faut pas lésiner. Il faut que le colon français, arrivant au milieu de nous, trouve, dans son village ou dans sa ferme, mieux que ce qu'il a laissé là-bas.

Il est nécessaire de bien se pénétrer de ce principe, c'est que nous ne déciderons pas les paysans riches à quitter un bien-être certain pour un avenir plus que douteux, et c'est là, pourtant, le seul moyen de peupler la colonie de Français.

Ne comptons pas, pour cela, sur les compagnies de colonisation. La compagnie exploitera la situation, et elle sera dans son droit. Qu'aurait-elle à gagner, en définitive, au peuplement du pays ? Ce n'est pas elle qui percevra les droits sur les alcools, sur les sucres, sur les cafés qui arriveront en plus dans nos ports. L'État seul est apte à mener des affaires d'aussi longue haleine ; il peut faire des avances, se contenter d'un taux restreint d'intérêt, et se rembourser par annuités. Il a, d'ailleurs, des profits, par cela seul que la densité de la population augmente.

Je voudrais qu'à son arrivée en Algérie, le colon trouvât une petite maison, quelques arbres, une vingtaine d'hectares au moins défrichés, deux hectares plantés en vigne ayant au moins trois ans, quelques futailles dans sa cave et deux bêtes à l'étable.

Le colon serait propriétaire de tout cela, et l'État créancier hypothécaire.

Avec les moyens dont dispose l'administration, troupes, prisonniers, indigents, elle pourrait réaliser mon idéal, à raison de huit mille francs par famille de colon. Le remboursement du capital et des intérêts devrait s'effectuer par versements annuels de six cents francs, sauf pour les colons qui voudraient se libérer par anticipation.

Mais je voudrais voir alors créer de gros bourgs capables d'alimenter les établissements de ces ouvriers d'art : charrons, forgerons, cordonniers, etc., dont le voisinage est indispensable à la vie coloniale, au lieu de ces petits villages qui ressemblent à des enfants nés avant terme et qui sont destinés à périr bientôt, épuisés par leur isolement et leur insuffisance.

Avec cinq cents millions, on pourrait ainsi jeter sur notre sol soixante-deux mille cinq cents familles ; comptons-les à quatre membres en moyenne, la population française serait augmentée de deux cent cinquante mille âmes. A côté et parallèlement se développerait l'immigration européenne, et l'Algérie rapporterait bientôt au centuple ce qu'elle aurait coûté.

Je voudrais aussi que la France n'oubliât point ses anciens colons, ces travailleurs de la première heure, qui ont supporté de si terribles luttes pour arriver à des résultats que je ne crains pas de qualifier de maigres, si je les compare aux efforts héroïques et aux sacrifices continuels qui les ont produits.

Le colon a besoin d'avances ; il n'en trouve pas dans les maisons de banque ; il n'en obtient que chez les usuriers, et à quel taux !

Le crédit foncier, dont les opérations ne se font qu'à l'abri de formalités et de garanties excessives, ne peut répondre aux besoins de nos agriculteurs.

Il faut, aujourd'hui, des prêts consentis par l'État, à des taux aussi faibles que possible et remboursables par annuités. Ces prêts ne devraient être faits que peu à peu, et au fur et à mesure du travail des défricheurs.

Au colon qui aurait mis en culture un hectare, ou qui l'aurait planté en vigne, je prêterais la somme nécessaire au défrichement ou à la plantation d'un autre hectare, et ainsi de suite.

L'État se garantirait par un privilège hypothécaire ; mais il faudrait arriver à simplifier les formalités et à diminuer les frais des inscriptions et des purges.

Je serais assez partisan des syndicats responsables des sommes avancées et percevant une légère rétribution, destinée à couvrir les répondants.

La rémunération pousserait les syndicats à faire la plus grande somme d'avances possible, et la responsabilité des membres qui les composeraient empêcheraient les spéculations imprudentes.

Je sais bien que nos usages, notre routine, semblent ne pas devoir s'accommoder de cette idée : voir l'État faire la banque ; et, pourtant, l'État seul peut créer des banques agricoles. On ne peut apporter, en agriculture, cette exactitude, cette régularité indispensables aux opérations des banques commerciales. Les affaires commerciales dépendent d'usages reçus qui ne peuvent se modifier du jour au lendemain ; les époques de rendement du sol, au contraire, peuvent être complétement changées par la chute d'une grêle imprévue, par un coup de sirocco, par l'arrivée d'une nuée de sauterelles.

Je laisse à de plus habiles que moi le soin de trouver la formule exacte de la marche à suivre. Je me borne à recommander le germe d'une idée qui n'est pas de moi.

Je ne demande pas demain la réalisation de ce que beaucoup appelleront un rêve ; mais que l'on fasse une expérience ; que l'on essaie, avec quatre ou cinq millions, de créer, dans une région, quatre ou cinq beaux villages, et, lorsque le succès aura couronné des efforts sérieusement tentés, que l'on marche.

Chaque siècle doit profiter des éléments de progrès qu'il possède ; nous possédons ce levier colossal qui s'appelle LE CAPITAL, sachons nous en servir. En dix ans, nous produirons avec lui ce que nos ancêtres n'auraient peut-être pas produit en un siècle ; ne négligeons pas cette force.

Et alors, France ! l'Algérie, délivrée de l'administration qui la ronge, couverte d'une population compacte qui lui rendra sa réputation de grenier de Rome, te fournira des hommes et de l'or plus que les rangs de ton armée ne pourront en recevoir, et plus que les coffres de ton trésor ne pourront en contenir.

BÉZY.

Oran. — Imp. Ch. Pothier

www.ingramcontent.com/pod-product-compliance
Lightning Source LLC
Chambersburg PA
CBHW061729060726
47597CB00006B/2646